NATIONAL GEOGRAPHIC

# Peldaños

## PLANTAS SORPRENDENTES

DESPUÉS DE LA BODA, PADMA SE ADAPTÓ A LA VIDA EN EL PALACIO, EL REY Y ELLA ERAN LA PAREJA MÁS FELIZ DE TODA LA TIERRA.

LA BRUJA TEMIBLE ESTABA MOLESTA CON SU ALEGRÍA. NO PASÓ MUCHO TIEMPO HASTA QUE LA BRUJA COMENZÓ A ESFORZARSE PARA ARRUINAR LA FELICIDAD DE PADMA.

¡AY!

TU ALEGRÍA NO DURARÁ. INCLUSO AHORA, ¡TU REY CREE QUE ERES MENOS BELLA QUE AYER!

A PADMA SE LE OCURRIÓ UN PLAN. LA ENTRISTECÍA PORQUE IBA A TENER QUE RENUNCIAR A SU VIDA CON EL REY. PERO ERA LA ÚNICA MANERA DE VENCER A LA BRUJA TEMIBLE.

A LA MITAD DE LA NOCHE, PADMA SE DESPIDIÓ DE SU MARIDO QUE DORMÍA.

SE ESCABULLÓ AL APACIBLE JARDÍN DE AGUA QUE ESTABA DETRÁS DEL PALACIO.

PADMA SALTÓ A LA PISCINA POCO PROFUNDA DEL JARDÍN Y SE CONVIRTIÓ EN UNA FLOR DE LOTO.

A LA MAÑANA SIGUIENTE, EL REY SE DESPERTÓ CON UN SENTIMIENTO DE QUE ALGO ESTABA TERRIBLEMENTE MAL. SE DECIDIÓ A BUSCAR A PADMA DE INMEDIATO.

4

EL REY LES ORDENÓ A TODOS QUE REGISTRARAN EL PALACIO Y SUS TERRENOS, PERO PADMA NO APARECÍA.

DESPUÉS DE QUE CASI SE DIERA POR VENCIDO, EL REY SE ENCONTRÓ EN EL JARDÍN DE AGUA. ALLÍ VIO LA FLOR DE LOTO EN SU HÁBITAT ACUÁTICO.

¿DE DÓNDE SALIÓ ESTA HERMOSA FLOR? ME LLENA DE ALEGRÍA, COMO SI ESTUVIERA MIRANDO A LA MISMA PADMA.

¡VISITARÉ SUS ADORABLES PÉTALOS TODOS LOS DÍAS!

¡DEBO DESTRUIR ESA HORRIBLE FLOR!

DESPUÉS DE QUE SE FUERA EL REY, LA BRUJA TEMIBLE LANZÓ UN HECHIZO A LA PISCINA, QUE LA VACIÓ.

LUEGO LANZÓ OTRO HECHIZO, QUE HIZO QUE LA FLOR ARDIERA EN LLAMAS Y QUEDARAN SOLO CENIZAS.

MÁS TARDE, ESA NOCHE...

UNA PLANTITA BROTÓ DE LAS CENIZAS DE LA FLOR.

EL BROTE SE HIZO CADA VEZ MÁS ALTO.

DE LAS CENIZAS DEL LOTO CRECIÓ EL PRIMER ÁRBOL DE MANGO. **FLORECÍA** CON CIENTOS DE FLORES.

AYER, ESTA PISCINA ESTABA LLENA DE AGUA. DENTRO DE LA PISCINA FLORECÍA UNA HERMOSA FLOR DE LOTO.

EN ESTE HÁBITAT CAMBIADO SE YERGUE UN TIPO DE ÁRBOL QUE NO HABÍA VISTO NUNCA. AUNQUE EL ÁRBOL TIENE **ADAPTACIONES** QUE HACEN QUE SEA PERFECTO PARA ESTE LUGAR.

NO TIENE UNA FLOR, ¡SINO CIENTAS!

UN DÍA, CUANDO EL REY VISITÓ EL ÁRBOL DE MANGO, OBSERVÓ QUE CRECÍAN FRUTAS DE SUS RAMAS.

EL FRUTO COMENZÓ A **MADURAR**.

¿EH?

EL FRUTO COMENZÓ A CRECER. CRECIÓ HASTA QUE SE ABRIÓ.

EL REY OLIÓ LA FRUTA MADURA. OLÍA DULCE Y DELICIOSA.

PADMA, ¡VOLVISTE!

NO TE HE DEJADO, NI TÚ ME HAS DEJADO A MÍ. LA FELICIDAD Y EL AMOR PUEDEN CAMBIAR. PERO NUNCA PUEDEN DESTRUIRSE.

ANTES DE QUE LA BRUJA TEMIBLE HUYERA DEL REINO, LANZÓ UN ÚLTIMO HECHIZO. QUERÍA RECORDARLE A LA GENTE QUE LA FELICIDAD NO SIEMPRE VIENE FÁCILMENTE. DESDE ENTONCES, LA PIEL DEL MANGO HA SIDO DURA. DEBE CORTARSE ANTES DE QUE UNO PUEDA DISFRUTAR DEL DULCE INTERIOR.

**Compruébalo** ¿En qué plantas se convirtió Padma?

7

# Plantas extremas

por Jennifer Boudart

Las plantas viven en casi todos los tipos de **hábitats** de la Tierra. Crecen en zonas bajas, en lagunas y humedales. Crecen en zonas altas, a lo largo de cadenas montañosas. Las plantas incluso crecen en hábitats severos, como los desiertos ardientes y la tundra helada. Las plantas tienen **adaptaciones** que las ayudan a sobrevivir en su medio ambiente. El aspecto y la manera en la que crecen las plantas las ayudan a sobrevivir. Las siguientes plantas tienen adaptaciones extremas.

## ¡La flor más grande!

La rafflesia es una planta de la selva del Sudeste Asiático. Produce una sola flor gigante. Esta flor crece hasta 1 metro (aproximadamente 3 pies) de diámetro y pesa hasta 7 kilogramos (15 libras). ¡Al **florecer,** la flor huele a carne podrida! El espantoso olor atrae a las moscas que comen animales muertos. Las moscas recogen el polen cuando se meten en la flor. Cuando vuelan a otra flor apestosa, esparcen el polen. El polen debe pasar de una planta a otra para que las plantas se reproduzcan.

La flor de la rafflesia es la más grande del mundo.

# ¡Un gigante verde!

La secoya gigante le hace honor a su nombre. El árbol es la **especie** vegetal más grande de la Tierra por su masa, o volumen. El tronco de la secoya gigante compone la mayor parte de su masa. El tronco de un árbol adulto generalmente mide más de 6 metros (20 pies) de diámetro. Las secoyas gigantes también son altas. Suelen medir 76 metros (aproximadamente 250 pies) de alto. Algunas miden más de 93 metros (305 pies). ¡Eso es más alto que la Estatua de la Libertad!

Para ver las secoyas gigantes hay que visitar la Sierra Nevada, en el este de California.

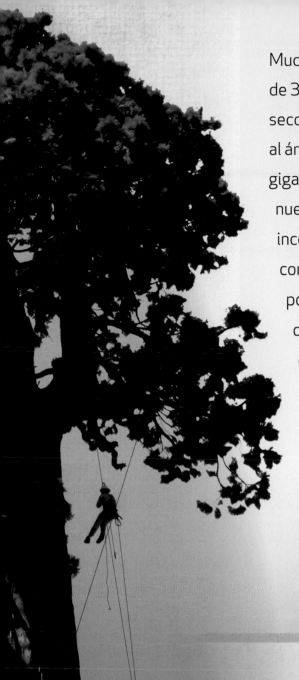

Muchas secoyas gigantes han sobrevivido más de 3,000 años. ¿Qué adaptaciones ayudan a las secoyas gigantes a vivir tanto? Su corteza protege al árbol de las enfermedades. Además, a las secoyas gigantes les puede crecer rápidamente corteza nueva para cubrir las quemaduras que sufren en los incendios forestales. Cuando una secoya gigante completamente adulta muere, generalmente es porque el árbol se cayó. Esto sucede después de que el suelo ya no puede sostener las raíces del árbol.

La secoya gigante más colosal se llama General Sherman. Este árbol se yergue a 84 metros (275 pies) de altura. ¡Su tronco mide 11 metros (35 pies) de diámetro! El General Sherman podría brindar suficiente madera para construir 40 casas. Por suerte es ilegal talar secoyas gigantes.

| Estatua de la Libertad | General Sherman | Edificio del Capitolio de los EE. UU. |
|---|---|---|
| 93 metros (305 pies) | 84 metros (275 pies) | 88 metros (288 pies) |

Esta es la gobernadora, el arbusto de creosota más antiguo que se conoce. Forma un anillo de aproximadamente 14 metros (45 pies) de diámetro.
Los científicos creen que la gobernadora brotó de una semilla hace 13,700 años.

# ¡Algo fabuloso del pasado!

El arbusto de creosota crece en los desiertos de Norteamérica. Parece un anillo de arbustos que crece alrededor de un centro vacío. Está entre las plantas más longevas de la Tierra.

El arbusto de creosota comenzó como una planta progenitora, que puede vivir 200 años. Durante ese tiempo, la planta progenitora produce brotes a su alrededor. Cada brote se convierte en un nuevo arbusto, que es una copia exacta de la planta progenitora. Y cada

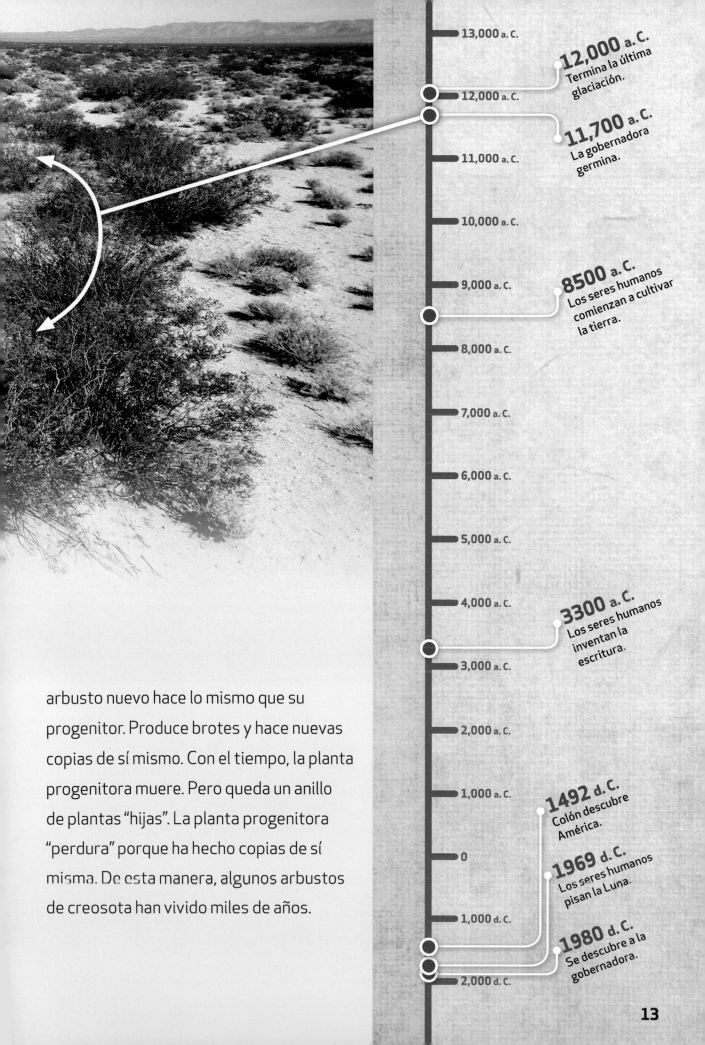

13,000 a. C.

**12,000** a. C.
Termina la última
glaciación.

12,000 a. C.

**11,700** a. C.
La gobernadora
germina.

11,000 a. C.

10,000 a. C.

**8500** a. C.
Los seres humanos
comienzan a cultivar
la tierra.

9,000 a. C.

8,000 a. C.

7,000 a. C.

6,000 a. C.

5,000 a. C.

4,000 a. C.

**3300** a. C.
Los seres humanos
inventan la
escritura.

3,000 a. C.

arbusto nuevo hace lo mismo que su
progenitor. Produce brotes y hace nuevas
copias de sí mismo. Con el tiempo, la planta
progenitora muere. Pero queda un anillo
de plantas "hijas". La planta progenitora
"perdura" porque ha hecho copias de sí
misma. De esta manera, algunos arbustos
de creosota han vivido miles de años.

2,000 a. C.

1,000 a. C.

**1492** d. C.
Colón descubre
América.

0

**1969** d. C.
Los seres humanos
pisan la Luna.

1,000 d. C.

**1980** d. C.
Se descubre a la
gobernadora.

2,000 d. C.

# ¡Qué rápido crece!

El bambú crece bien en el este y el sudeste de Asia, donde el clima es húmedo y cálido. Algunas especies de bambú quizá sean las plantas que más rápido crecen en la Tierra.

El bambú es una hierba, pero se parece más a los árboles. Tiene un tallo leñoso y ramas con hojas. Como los árboles, algunos crecen muy altos. Unas cuantas especies de bambú llegan a medir 40 metros (aproximadamente 130 pies) o más de alto. Al contrario de los árboles, el bambú puede crecer muy rápidamente. Algunos crecen 2.5 centímetros (1 pulgada) por hora. ¡Imagina si el césped de los jardines creciera tan rápido!

**Nudo**
Los nudos parecen anillos. El tallo es hueco, excepto en cada nudo. Las hojas y las ramas brotan de los nudos.

**Culmo**
El culmo es mayormente hueco, aunque su madera es muy resistente.

**Entrenudo**
Los entrenudos son secciones huecas entre los nudos.

**Rizoma**
El rizoma es un tallo subterráneo.

**Raíces**

El bambú se usa de miles de maneras. Las semillas y los brotes pueden comerse. Su madera resistente puede usarse para hacer muebles, instrumentos musicales y casas. ¿Cómo usan el bambú estas personas?

Bosque de bambúes cerca de Kyoto, Japón

# ¡Un microprado!

La lenteja de agua es el género de plantas con flores más pequeñas del mundo. Una planta de lenteja de agua mide menos de un milímetro de largo. No es más grande que un grano de arena. Una docena de flores de la planta puede caber en la cabeza de un alfiler. Las lentejas de agua no tienen raíces o tallos. Su tamaño diminuto y su forma redondeada son adaptaciones que la ayudan a flotar en grandes números en lagos, estanques, humedales y arroyos.

Los dedos de una persona muestran lo diminutas que son las plantas de lenteja de agua.

Un lirio gigante del Amazonas puede soportar fácilmente un peso de 23 kilogramos (50 libras).

# ¡Una hoja increíble!

¿Crees que solo las ranas pueden flotar en hojas de lirio? ¡Piensa de nuevo! Un lirio del Amazonas puede soportar el peso de personas sin hundirse. Sus hojas miden 2.5 metros (8 pies) de diámetro. Las adaptaciones de esta planta le permiten flotar. El peso de sus hojas anchas y planas está distribuido. El aire llena sus nervaduras y ayudan a las hojas a flotar. Espinas en la parte inferior de cada hoja la protegen de los peces hambrientos. Ranuras a lo largo de los bordes permiten escurrir el agua, así la hoja no se llena y se hunde.

Algunas especies de plantas han desarrollado adaptaciones extremas. ¿Alguna planta extrema crece donde vives?

Este lirio gigante del Amazonas soporta el peso de tres personas.

**Compruébalo** ¿Qué plantas extremas pueden vivir más de 3,000 años?

# La búsqueda de plantas

por Renee Biermann
ilustraciones de C.B. Canga

NARRADOR    MAESTRA BLANKENSHIP

## INTRODUCCIÓN

[**ESCENARIO** *La obra de teatro tiene lugar en los Jardines Botánicos de la Ciudad. El NARRADOR entra y habla con el público*].

NARRADOR: ¡Bienvenidos a los Jardines Botánicos de la Ciudad! La maestra Blankenship ha traído a un grupo especial de estudiantes a este **hábitat** interno para que hagan una búsqueda del tesoro. Les ha dado un cuaderno de Búsqueda de Tesoros, una cinta de medir y guantes de jardinería. Van a buscar cinco plantas poco comunes. ¿Cómo localizarán estas plantas misteriosas? ¿Y qué descubrirán al final de la búsqueda? ¡Descubrámoslo!

**PIPPA**
buscadora de plantas

**NOAH**
buscador de plantas

**MADDIE**
buscadora de plantas

**ANTWON**
buscador de plantas

**JIN**
buscador de plantas

**ANNABELLE**
buscadora de plantas

# ACTO 1, ESCENA 1

[**ESCENARIO** *Cerca de la entrada de los Jardines Botánicos de la Ciudad. MADDIE, JIN, ANTWON, NOAH, PIPPA y ANNABELLE escuchan a la maestra BLANKENSHIP*].

**MAESTRA BLANKENSHIP:** Observen con atención su cuaderno de Búsqueda de Tesoros. Úsenlo tanto como puedan. Asegúrense de usar sus guantes de jardinería, ya que algunas plantas son venenosas. ¡Diviértanse! ¡Los esperaré al final con una *gran sorpresa*!

[La MAESTRA BLANKENSHIP *se va. Los estudiantes parecen entusiasmados con la gran sorpresa*].

**NOAH:** [*sostiene el cuaderno de Búsqueda de Tesoros*] Miremos el cuaderno juntos. [*pasa las páginas y muestra al grupo*] Hay una página por cada planta. Tenemos que marcar "sí" o "no" en las **características** de la planta. Además, tenemos que mencionar el nombre de la planta. También hay lugar para nuestros comentarios.

**PIPPA:** ¿Por dónde empezamos?

**ANTWON:** [*se saca un papel envuelto del bolsillo*] La maestra Blankenship me dio este papel cuando entramos. Me dijo que no lo mirara hasta que comenzara la búsqueda. Quizá nos ayude.

**JIN:** ¿Nos lo lees?

**ANTWON:** Dice: "Tengo un tronco. Soy alto. Llevo el nombre de uno de los animales más grandes".

**ANNABELLE:** [*confundida*] ¡Suena como el elefante! [*emocionada*] ¡Esperen! Vi una planta grande que tenía hojas como las orejas de un elefante cuando entramos.

**MADDIE:** ¡Comencemos allí!

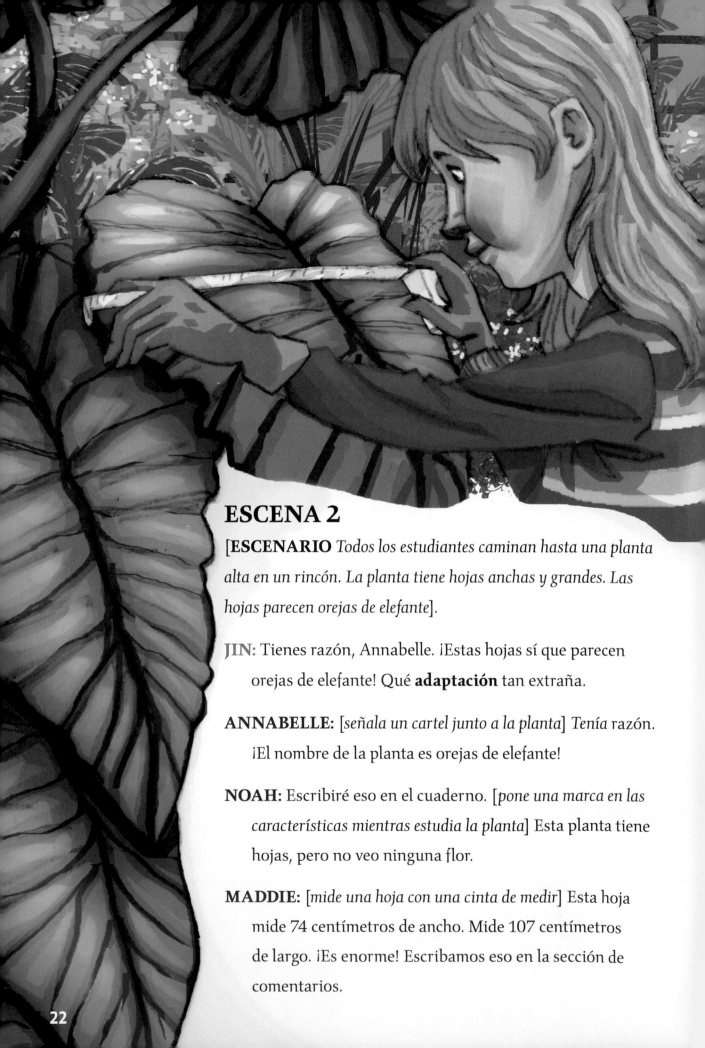

## ESCENA 2

[**ESCENARIO** *Todos los estudiantes caminan hasta una planta alta en un rincón. La planta tiene hojas anchas y grandes. Las hojas parecen orejas de elefante*].

**JIN:** Tienes razón, Annabelle. ¡Estas hojas sí que parecen orejas de elefante! Qué **adaptación** tan extraña.

**ANNABELLE:** [*señala un cartel junto a la planta*] Tenía razón. ¡El nombre de la planta es orejas de elefante!

**NOAH:** Escribiré eso en el cuaderno. [*pone una marca en las características mientras estudia la planta*] Esta planta tiene hojas, pero no veo ninguna flor.

**MADDIE:** [*mide una hoja con una cinta de medir*] Esta hoja mide 74 centímetros de ancho. Mide 107 centímetros de largo. ¡Es enorme! Escribamos eso en la sección de comentarios.

**JIN:** No **florecen** flores

en esta planta. No tiene enredaderas u olor.

Marca "no" en esas características.

**PIPPA:** Resolvimos rápido esta planta. Pero,

¿adónde vamos ahora? Antwon, ¿la maestra

Blankenship te dio alguna otra pista?

**ANTWON:** [*sostiene la pista*] No, esta es la única.

**ANNABELLE:** ¡Miren! [*señala la parte inferior de la planta*]

¡Allí hay un papel nuevo!

**NOAH:** [*lee el papel en voz alta*] Soy lo más diminuto

que hay. ¡Soy un árbol chiquito!

**MADDIE:** ¡Vamos a buscar la nueva planta!

# ESCENA 3

[**ESCENARIO** *Los estudiantes caminan por el sendero*].

**PIPPA:** [*piensa intensamente*] Hay un montón de
árboles en este hábitat. ¿Sobre cuál habla la pista?

**JIN:** [*señala una planta cercana*] Esa planta de allí
parece un arbolito.

**NOAH:** ¡Creo que la encontré! Este se llama árbol
bonsái. [*escribe el nombre en el cuaderno*]

**PIPPA:** El cartel dice que esta planta proviene
de Japón.

**MADDIE:** ¡Eso es sorprendente! También tiene florcitas rosadas. [*olfatea*] Tienen un olor suave. [*mide la planta*] Esta planta solo mide 13 centímetros de alto.

[NOAH *anota las características en el cuaderno*].

**ANNABELLE:** Realmente parece un arbolito. Debemos escribir eso en la sección de comentarios.

**NOAH:** [*escribe*] ¡Ningún problema!

[JIN *se agacha. Saca un papel de debajo de la maceta de la planta*].

**JIN:** ¡Encontré la pista nueva! "No nos sentamos en el suelo. Miren para arriba y piensen en el *sonido*".

[*Los estudiantes van en busca de la siguiente planta*].

# ESCENA 4

[**ESCENARIO** *Los estudiantes buscan plantas que cuelgan del techo*].

**NOAH:** ¿Qué tipos de instrumentos musicales conocemos?

**JIN:** La flauta, el saxofón, el violín, la guitarra...

**ANTWON:** [*se detiene a leer el nombre de la planta*]
¡La encontré! ¡Se llama trompeta de ángel!

**ANNABELLE:** Esas flores se parecen un poco a las trompetas. Son hermosas.

**MADDIE:** [*se estira para medir*] ¡Vaya, esta planta mide 2 metros de alto! [*huele las flores*] ¡Las flores huelen muy bien!

**PIPPA:** Ten cuidado, Maddie. El cartel dice que esta planta es venenosa.

**JIN:** ¡Estoy realmente contento de que la maestra Blankenship nos diera estos guantes!

[*Todos los estudiantes asienten con la cabeza y coinciden con JIN*].

**NOAH:** Anoté la información que necesitamos. ¿Quién tiene la siguiente pista?

**ANNABELLE:** [*saca una pista del medio de la planta*] ¡Aquí está! Dice: "Hago que muchas cosas sean sabrosas. Miren hacia arriba, donde está soleado".

**ANTWON:** [*emocionado*] ¡Esa la sé! ¡Es una orquídea de vainilla!

**PIPPA:** [*dubitativo*] ¿Cómo lo sabes?

**ANTWON:** Mi tía cultiva orquídeas. Me contó sobre la de vainilla. Es una enredadera enorme. [*señala a la distancia*] ¡Ahí está!

[*Los estudiantes caminan hasta una enredadera enorme que crece hacia arriba por un poste*].

**PIPPA:** Lamento no haberte creído, Antwon. Este cartel dice orquídea de vainilla. Dice que toda la vainilla del mundo proviene de estas plantas. El cartel dice que originalmente son del México de la actualidad.

**NOAH:** Voy a escribir eso junto con nuestra información. [*comienza a escribir*]

**MADDIE:** [*se ve preocupada*] ¡Oh, no! Nunca podremos medirla. ¡Es muy alta!

**JIN: Estimemos** la altura. Estoy seguro de que la maestra Blankenship comprenderá. ¡No querrá que trepemos allí!

**ANNABELLE:** Estimo que mide aproximadamente 5 metros de alto.

[*Los estudiantes asienten con la cabeza. NOAH anota la información*].

**PIPPA:** [*olfatea y pone mala cara*] ¿Huelen algo, chicos? ¡Apesta!

**NOAH:** [*huele la orquídea*] No es esta planta. Esta planta tiene un olor dulce. [*escribe información en su cuaderno*] Debe provenir de algo más.

**JIN:** [*saca un papel que está dentro de la orquídea*] Creo que la pista final nos ayudará. Escuchen esto: "Usen la nariz para encontrarme. No huelo como otros lirios".

**ANTWON:** ¡Sigan ese olor apestoso!

## ESCENA 5

[**ESCENARIO** *Los estudiantes doblan por una esquina.*
*La* MAESTRA BLANKENSHIP *está de pie junto a una planta gigante.*
*Se tapa la nariz. El* NARRADOR *entra y se dirige al público*].

NARRADOR: Los estudiantes ya casi terminan con la Búsqueda del
Tesoro. Han anotado información importante sobre cada planta
que encontraron. Ahora, están preparados para encontrar la gran
sorpresa... ¡y vaya que es GRANDE!

MAESTRA BLANKENSHIP: ¡Sorpresa! ¡Lo lograron!

[*Los estudiantes ponen caras ante el olor apestoso*].

JIN: ¿Qué es?

MADDIE: [*mide rápidamente*] ¡Mide 1.2 metros de alto!

[NOAH *escribe información en el cuaderno*].

**MAESTRA BLANKENSHIP:** [*se ríe*] Esta planta se llama lirio *voodoo*. Solo florece una vez por año. Cuando florece, ¡huele como algo podrido! El olor atrae a los polinizadores que ayudan a la planta a reproducirse.

**NOAH:** [*hace un sonido incómodo*] Eso es seguro. ¡Huele espantoso!

**ANNABELLE:** [*con interés*] No me importa que oliera mal. ¡Es asombrosa! Y claro que es una *gran* sorpresa.

[*Todos los estudiantes asienten con la cabeza*].

**MAESTRA BLANKENSHIP:** [*contenta*] Espero que la hayan pasado bien hoy. Hicieron un gran trabajo identificando todas las plantas. ¿Les gustaría volver aquí en otra oportunidad?

[*Todos los estudiantes dicen "sí". Festejan*].

**Compruébalo** ¿De qué planta proviene la vainilla?

## Comenta Personajes, relatos e ideas principales

1. ¿Qué crees que conecta las tres lecturas que leíste en este libro? ¿Qué te hace pensar eso?

2. Elige una ilustración de "El árbol del rey". ¿Qué información adicional da sobre los personajes o el escenario?

3. ¿Cuál es la idea principal de "Plantas extremas"? Explica cómo crees que el rasgo más extremo de cada planta puede serle útil.

4. En "La búsqueda de plantas", ¿qué suceso generalmente lleva al comienzo de una nueva escena?

5. ¿Qué te sigues preguntando sobre las plantas? ¿Cuál sería una buena manera de encontrar más información?